*E*spero que mucho después de leer este libro
y de guardarlo, recuerdes
todas las ideas y los deseos que
contiene... para ti.

Las ediciones en español
publicadas por

Blue Mountain Arts ®

A mi hija, con amor,
sobre las cosas importantes de la vida
por Susan Polis Schutz

Antologías:

Aguántate
…a veces, la vida puede ser dura pero
todo saldrá bien

Cree siempre en ti y en tus sueños

El amor entre madre e hija
es para siempre

El lazo que vincula a madre e hijo
es para siempre

El matrimonio es una promesa de amor

En tu alma hay nobleza, hijo mío

Estos son los dones
que quisiera darte

La verdadera amistad
siempre perdura en el corazón

Lemas para vivir

Para tí, solo porque tú eres
muy especial para mí

Piensa pensamientos positivos cada día

Si Dios está a tu lado
…no estarás jamás a solas

Te quiero, Mamá

30 cosas hermosas

que en verdad tú eres

Una colección de ideas
sobre todas las cosas
¡que tanto te distinguen!

Douglas Pagels

Artes Monte Azul™
Blue Mountain Arts, Inc., Boulder, Colorado

Número de tarjeta de catálogo de la Biblioteca del Congreso: 2004099114
ISBN: 0-88396-903-3

Algunas marcas comerciales son usadas por licencia.

Hecho en los Estados Unidos de América.
Segundo impresión en español: 2006

 Este libro se imprimió en papel reciclado.

Este libro está impreso en papel vergé de alta calidad, de 80 lbs, estampado en seco. Este papel ha sido producido especialmente para estar libre de ácido (pH neutral) y no contiene madera triturada ni pulpa no blanqueada. Cumple todos los requisitos de American National Standards Institute, Inc., lo que garantiza que este libro es duradero y podrá ser disfrutado por generaciones futuras.

Blue Mountain Arts, Inc.

P.O. Box 4549, Boulder, Colorado 80306, EE.UU.

"Aquellos que
tienen en el corazón
cosas bellas
recibirán cosas maravillosas
de vuelta.

Que todos tus días
hoy y mañana
sean un bello reflejo
de todo lo que tú eres".

— Douglas Pagels

Se te
aprecia
y se te
celebra.

Quiero que sepas apreciar...
   quién eres.
¡Todas las maravillas que tú haces!
Reconoce tus talentos y tus habilidades.
Date cuenta de que eres una bella persona.

Se te agradecen quedamente tantísimas cosas.

— ✩ —

Quiero que comprendas que tu presencia es un presente para el mundo. Y espero que sepas por siempre recordar todas las cosas que tan entrañables, tan espectaculares y tan verdaderas son... en ti.

Eres
una inspiración.

Entre todas las grandes cosas que tú haces,
eres capaz de...
Escudriñar en lo profundo de tu corazón
y hallar el tesoro de tu alma. Descubrir tu fortaleza.
Elevarte como una estrella en el firmamento.
Y amar las posibilidades que sabes ver.

Eres una
persona tan
extraordinaria.

Eres un don único para este espacio y este tiempo. En todo el universo eres la única persona ¡exactamente como tú! Quiero que cuides esa alma tan especial y notable. Te la mereces.

Tuyas son las bendiciones.

Sabes que es fácil invertir en las mejores riquezas del mundo, y que los momentos preciosos son para aquellos que saben encontrarlos.

Sabes que esos instantes entrañables se hallan en los diálogos de corazón a corazón, y que puedes contar con una opulencia de bellos mañanas... con sólo franquear todas las preocupaciones, hacer a un lado todos los pesares y usar el presente para darle forma al futuro.

Tienes
visión.

Sabes cuán importante es...

Creer en tu persona.

Sé el milagro que tú eres.

Abre la puerta a las maravillas.

Cierra la puerta a las preocupaciones.

Eres una persona con enorme potencial.

Tienes la habilidad de convertir cada día en algo especial. Cada nuevo amanecer nos llega en paquete de regalo y en la caja hay momentos jamás experimentados, oportunidades desconocidas y riesgos nunca enfrentados.

¡Qué don tan verdaderamente magnífico!
Aquellos que se aferran a las costumbres
del pasado pierden todas las oportunidades.
Pero, ¿y aquellos que comprenden el valor
del don? Pues... tienen la oportunidad de
convertir el presente... ¡en un
día verdaderamente
extraordinario!

Corazón
afectuoso
y creativo.

Tienes la habilidad de...

Seguir los mandatos de tu corazón.

Confiar en tus instintos.

Escuchar la melodía que canta en tu alma.

Y permitir que tu espíritu baile al ritmo.

Conoces
el valor de
los mejores tesoros.

Sabes que si bien es importante contar con lo necesario para vivir bien, en la vida los verdaderos tesoros son los afectos y las amistades, y la verdadera riqueza es la dicha.

La vida es preciosa... y demasiado corta para gastarla en acumular cosas materiales, que al final palidecen en comparación con la tranquilidad de espíritu. Elévate a tu mejor nivel, siente que perteneces, que los sentimientos te dan vida, que dulces recuerdos te hacen sonreír y que todas esas cosas de tan inmenso valor... no llevarán jamás la etiqueta con el precio.

Tienes
la entereza
de la valentía.

Recuerda: es cuestión de saber elegir.
Date cuenta: las decisiones dependen de ti.
Y no olvides jamás: estás al volante de tu
destino y puedes desplazarte por tu vida
en cualquier dirección que tú elijas.

Tienes el mañana en tus manos.

La senda hacia el mañana está sembrada de muchas cosas: esperanzas y deseos. Rezos y sueños. La fortaleza para enfrentar los retos. La valentía de seguir por el camino. La habilidad de beneficiarte con las verdades del ayer (buenas o malas que sean).

Las muchas cualidades que fuiste desarrollando en la vida. Los dones que por siempre tuviste en el alma. Tu propio mapa hacia la dicha. La senda personal que emprendas. La brújula que es tu corazón. Y el trayecto… que recorres con amor.

Tienes una vida llena de oportunidades.

Quiero que sepas que hay alguien que te agradecerá todas las cosas que ahora estás haciendo con visión y sabiduría y respeto. Es la persona que tú serás algún día.

Quiero que hagas que
esa persona esté agradecida y orgullosa.

Eres un
ejemplo resplandeciente.

Cada estrella en el cielo es importante.
Tú estás aquí para resplandecer en tu
propia forma especial. Que jamás olvides
cuán esencial y especial tú eres.

Quiero desearte que jamás pierdas tu sensibilidad al asombro... y que mantengas tu sentido del humor, la chispa que brilla en tus ojos y la calidez de tu corazón que ilumina tu rincón del mundo.

Sabes cómo
encontrar
el equilibrio.

Sabes que la vida no siempre sigue las reglas, pero que a la larga todo terminará bien. Entiendes que tú puedes, con tus acciones, enderezar todas las cosas — y que las dichas perdidas se vuelven a encontrar.

Eres una persona que todos han de admirar.

Muchas son las cosas admirables en ti, pero una de las más entrañables es que tú haces lo que haces con fortaleza interior y con un amor muy especial.

Así es precisamente como eres. Otorgas un resplandor a la vida que la mayoría de la gente tan sólo vislumbra.

Tú sabes
apreciar
las mejores cosas
de la vida.

Aprecias la honestidad. La comprensión. La confianza. La intimidad. La franqueza. El apoyo. La generosidad. El saber recibir. La fe. La familia. El hogar. El crear recuerdos. El mantenerse en contacto. Las nuevas amistades. Las viejas amistades. El trabajo bien hecho. Los momentos de diversión. Los espectáculos y los libros y las canciones. La comunicación. La tolerancia. Las personas amables. El cielo azul. La tierra bajo los pies. La risa. La luz. Y el amor.

Bien sabes que — si hace falta — siempre puedes hacer un cambio.

Sabes que la vida ofrece una plenitud de opciones. Puedes viajar hacia aquellas cosas que pongan contento tu corazón.

Puede que lleve un tiempo. Y acaso
necesites tratar con temas que preferirías
evitar. Pero si realmente quieres algo, tu
valentía te transportará hacia un día más
brillante. Siempre hay alguna manera...
de llegar a ese lugar en el cual puedas
vivir la vida que siempre deseaste vivir.

Sabrás
sortear todos
los obstáculos
del camino.

Que los problemas y las preocupaciones no sean duraderos; que tan sólo te fortalezcan y te otorguen habilidad y sabiduría. Que recibas cada día con el brillo del sol en tu corazón, el éxito en tu senda, respuestas a tus súplicas, y esa sonrisa — que tanto amo ver — por siempre chispeando en tus ojos.

Hay mucho
de bueno en ti.

—✪—

Eres una persona especial, y tu futuro está en las mejores manos. Es necesario que recuerdes:

Si hay cosas que quieres hacer y sueños que siempre quisiste convertir en realidad, tienes lo que hace falta, porque sea lo que fuere que quieras hacer... cuentas con alguien capaz de intentar y lograr y alcanzar lo que se le ocurra. Tienes la suerte de... tenerte a ti.

Eres
sensible a
las necesidades
de otros.

Sigue compartiendo tu sonrisa. Siempre consigues iluminar la senda para los demás. Estás aquí para resplandecer en tu propia y maravillosa manera, mientras recuerdas todo el tiempo que un pequeño lucero en algún lado ilumina con más brillo en todos lados.

Tienes la suerte de contar con muchas opciones.

Dondequiera que vayas, todos los días. En todo lo que hagas, llegarás a una encrucijada. ¿Y qué hacer? Por aquí o por allí... ¿este camino? ¿Aquella senda?

Todo lo que tú elijas hacer refleja... tu habilidad, tu integridad, tu espíritu, tu salud, tus mañanas, tus sonrisas, tus sueños y tu persona. No es difícil tener una riqueza de hermosos mañanas. Todo lo que debes hacer es... elegir sabiamente.

Tienes un corazón
generoso
y una mente
fascinante.

Mantén tu corazón pleno de dicha
y encuentra nuevas maneras de crecer.
Sigue deseando. Sigue aprendiendo.
Sigue intentando. Sigue sonriendo.
Y sigue recordando que
tantas esperanzas y tantos deseos
te acompañan dondequiera que vayas.

Tú te mereces
todas las cosas buenas
que aparezcan por tu camino.

Tú sabes que el mundo en que vivimos
no es fácil. Y que en todas nuestras vidas
surgen dificultades. Debemos reconocerlo,
claro. Pero eso no quiere decir que
seamos pesimistas.

Debemos ser astutos y cuidadosos y prudentes, por supuesto. Pero eso no quiere decir que nos amedrentemos. En la vida, como en el amor, los que ganan son aquellos que saben arriesgarse, abrirse a las posibilidades, conservar la fe y hacer lo que se debe.

Tienes
tantas
posibilidades
para el futuro.

Deja abierta la puerta. Bien, ábrela un poco más. Eso es. Ahora recuerda: las cosas buenas les pasan a las buenas personas, y tú eres una de las mejores. No te apresures a limitar tus opciones, porque tal vez al hacerlo, limitas posibilidades de dichas inimaginables que te aguardan solo a ti.

Tú eres
quien lleva las riendas
de tu vida.

Te das cuenta de que debes esforzarte por conservar la salud de cuerpo y alma, y por sobrellevar las tensiones del vivir en un mundo en ocasiones difícil.

Si escuchas atentamente, sabrás por instinto si es el momento de ejercitar la mente y dejar que el cuerpo descanse, y cuándo conviene exactamente lo contrario. Sabes que el ser capaz de enfrentar lo que te depare la vida no es una cuestión de coincidencias.

Te mereces
mucho
reconocimiento.

Quiero que aquellos que compartan tus días se den cuenta de que están en la presencia de una persona muy especial. Comprende que al mundo le vendrían bien más personas destacadas como tú.

Por siempre estarás en mi corazón.

No importa lo que esté pasando
   en el mundo.
No importa qué preocupaciones
   o frustraciones aparezcan.
No importa qué alegrías o
   qué tristezas te visiten.
No importa cuántas cuentas te traiga
   el correo.

No importa cuán buenas o cuán malas
sean las noticias del día.
No importa si es un bello día
o no lo es.
No importa cuántas veces se
te pierda la sonrisa.
No importa cuán difícil o
exigente sea la vida.
No importa lo que esté pasando
en cualquier lado y momento...
tú siempre estarás en mi mente
y en mis deseos más cálidos.

Eres
una persona
muy
generosa.

A tantos brindas un motivo para
sonreír. Te mereces recibir lo mejor
a cambio, y una de las esperanzas de
mi corazón es que la dicha que donas
se te devuelva para entibiarte todos y
cada uno de los días de tu vida.

Tú sabes de qué
se trata.

Sabes que se trata de aprovechar al máximo tu vida y el tiempo que te tocó. De hacer lo mejor que puedas — y de saber soltar las cosas que estén más allá de tu control. Se trata de creer en el mañana y abrir las alas. De abrazar las bendiciones de tu vida y apreciar todos los recuerdos tiernos que te acompañan.

Se trata de alcanzar tus sueños, iluminar tus días y llenarte el corazón de mil maneras. Se trata de ayudar a otros compartiendo la carga, y proseguir por el camino tratando de ir mejorándolo con tus pasos.

Se trata de tener tan pocos pesares como sea posible — y muchos más motivos de sonreír. Se trata de ser una persona merecedora, tanto si te reconocen tus cualidades maravillosas, como si no. Se trata de saber que las personas como tú son aquellas que inclinan la balanza contra aquellas que pecan de egoísmo y falta de generosidad, y que tú eres parte esencial de la gracia que emana de las buenas personas en el mundo.

Se trata de darse cuenta de cómo deberían ser las cosas. De ser siempre parte de la solución. Nunca parte del problema. De conocer claramente la importancia de la integridad y de no permitir que otros empañen los límites. Se trata de creer en las causas justas, porque hay quienes necesitan toda la ayuda que se les pueda dar.

Se trata de saber que el mundo empieza desde tu umbral hacia fuera. Se trata de detenerse allí viendo el panorama, sabiendo que eres parte de un momento notable... y que nada puede ofuscar las oportunidades que brillan tan resplandecientes como el cielo.

Se trata de disfrutar de la dicha del vivir, de la suerte de ser capaz de sentir y ver y aprender y ayudar y sanar y dar y crecer. Se trata de tener la suerte de compartir amistades y de amar. Se trata de hacer lo que uno puede y de saber que no es demasiado tarde... nunca. Se trata de seguir la senda, recordar los hitos en el camino recorrido, y sentirse parte del gran esquema de días entrelazados hacia el éxito.

Se trata de arrollarse las mangas, atarse los cordones de los zapatos y emprender los próximos pasos hacia lo que nos depare el futuro.

Jamás has
de olvidar
que tú eres
un tesoro.

Esa persona especial en el espejo
acaso no siempre escuche todos los
cumplidos que tanto se merece,
pero debes saber que vales
una abundancia de
amistad, dicha
y amor.

El autor

El exitoso autor y editor Douglas Pagels ha inspirado a millones de lectores por su visión y sus antologías. No hay nadie que como él sepa tocar tantos temas profundamente personales y auténticamente universales a la vez.

Sus escritos han sido traducidos a siete idiomas debido a su atractivo global y a la inspiradora perspectiva de la vida, y sus trabajos son citados por numerosas causas justas y organizaciones caritativas.

Reside con su esposa en el estado de Colorado; sus hijos están en la escuela secundaria y en la universidad. A lo largo de los años, Doug ha dedicado mucho de su tiempo como voluntario en las aulas escolares, como entrenador de baloncesto juvenil y en pos de medidas de protección del medio ambiente. Viajero frecuente y hábil artesano, construyó una cabaña en las Montañas Rocosas.